INCRÍVEIS DINOSSAUROS
TRIÁSSICO

Rodovia Jorge Lacerda, 5086 - Poço Grande
Gaspar - SC | CEP 89115-100

Texto:
Rupert Matthews

Ilustração: Ivan Stalio, Alessandro Cantucci, Fabiano Fabbrucci, Andrea Morandi

Tradução e adaptação:
Ruth Marschalek

Revisão:
Karin E. Rees de Azevedo

IMPRESSO NA ÍNDIA
www.todolivro.com.br

Dados Internacionais de Catalogação na Publicação (CIP)
(Câmara Brasileira do Livro, SP, Brasil)

Incríveis dinossauros: Os dinossauros do triássico / [Rupert Matthews;
tradução: Ruth Marschalek].
Gaspar, SC : Todolivro, 2022.
(Incríveis dinossauros ; 4)

Vários autores.
Título original: Amazing dinosaurs : triassic
ISBN 978-65-5617-125-8
1. Dinossauros - Literatura infantojuvenil
I. Matthews, Rupert. II. Série.

ISBN 978-65-5617-125-8

1. Dinossauros - Literatura infantojuvenil
I. Matthews, Rupert. II. Série.

22-137201 CDD-028.5

Índices para catálogo sistemático:

1. Dinossauros : Literatura infantil 028.5
2. Dinossauros : Literatura infantojuvenil 028.5

INCRÍVEIS DINOSSAUROS

TRIÁSSICO

Todolivro

Sumário

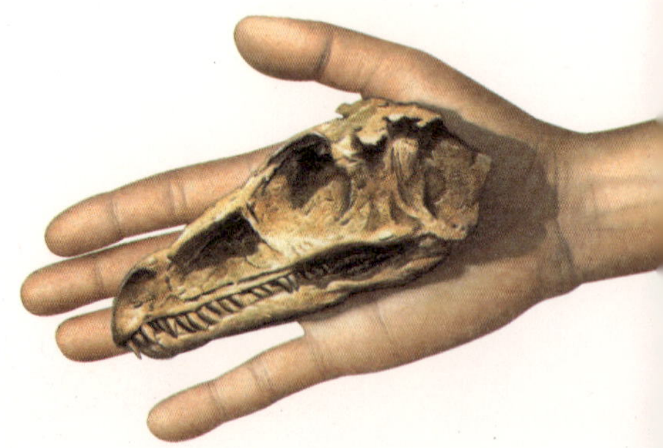

Introdução

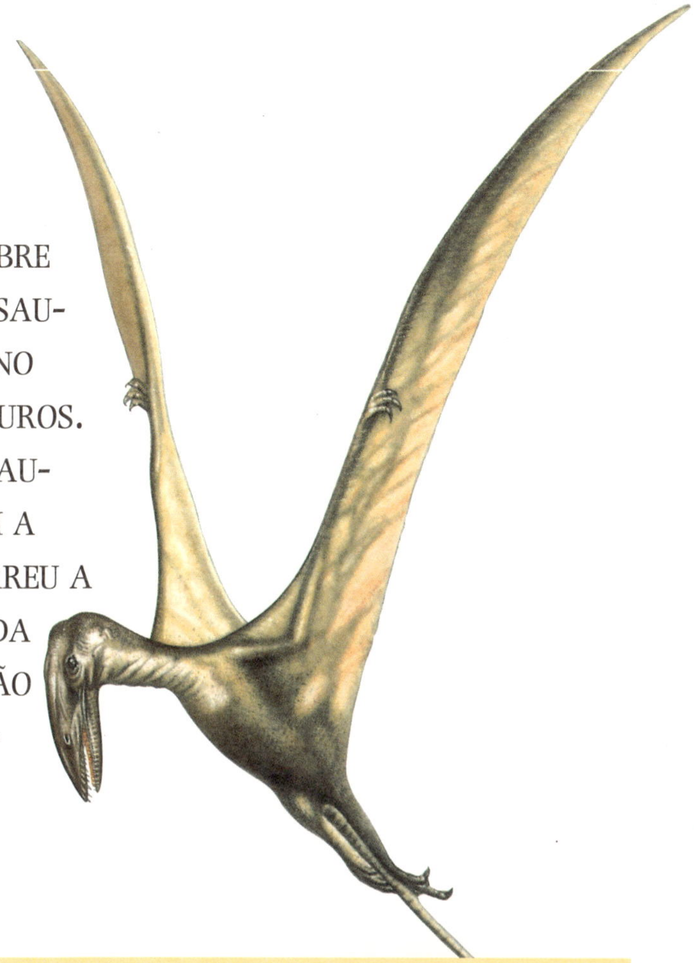

Muito se escreveu – e muitos filmes se fizeram – sobre os períodos Cretáceo e Jurássico, quando os dinossauros dominavam o mundo. Este livro se concentra no período que conduz a essa era de ouro dos dinossauros. Ele explica as origens dos répteis e como os dinossauros chegaram ao poder entre eles. Ele começa com a devastadora extinção do Permiano, que quase varreu a vida do nosso planeta. Depois que as formas de vida lentamente se recuperaram, a Terra viu a ascensão dos répteis. Este livro examina os primeiros dinossauros e seus primos nos mares e céus. A jornada nos leva à miniextinção que ocorreu no final do período Triássico.

Como este livro funciona

Cada seção neste livro começa com uma ilustração de duas páginas que mostra répteis e outras criaturas do Triássico num cenário dinâmico. Essas aberturas conduzem para páginas duplas que explicam o conceito apresentado no cenário com detalhamento maior.

Cabeçalhos sucintos explicam como cada vinheta está relacionada ao assunto.

Texto vívido e descritivo acompanha uma grande ilustração que fornece uma visão detalhada dos animais do Triássico em ação.

O texto introdutório dá uma visão geral do assunto.

Uma ilustração dinâmica e totalmente colorida apresenta cada assunto da seção.

Ilustrações detalhadas destacam questões específicas.

Deslocamento continental

A crosta terrestre não é uma camada única de material sólido. Ela está dividida em um monte de camadas de rochas, chamadas placas tectônicas, que flutuam em rochas semilíquidas muitos quilômetros sob a superfície. Conforme a matéria semilíquida nas profundezas da Terra circula, ela arrasta as placas tectônicas pela superfície da Terra, fazendo os continentes se moverem numa taxa lenta de apenas alguns centímetros por ano. Com o passar de milhões de anos, esse movimento pode fazer o mapa mundial mudar drasticamente.

1. Cambriano (530 maa*)

* maa = milhões de anos atrás

2. Devoniano (385 maa)

3. Permiano (265 maa)

4. Triássico (225 maa)

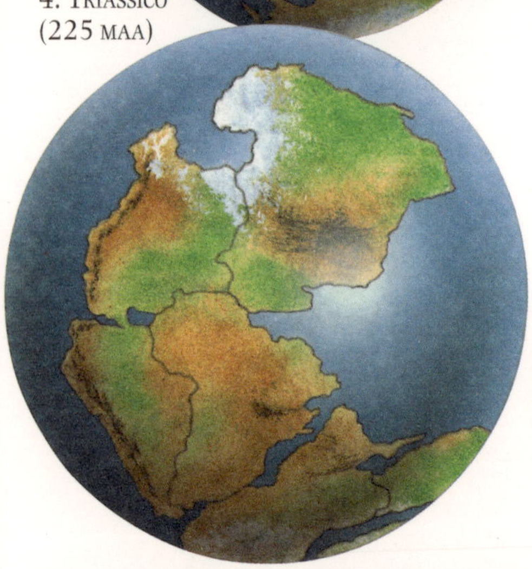

Durante o período Cambriano, a maior parte dos continentes se separava por trechos de mar aberto. Durante o período Devoniano, os continentes se deslocavam um de encontro ao outro. No período Permiano, eles se juntaram para formar um único continente gigantesco chamado Pangeia. Durante o período Triássico, a Pangeia começou a se fragmentar conforme os continentes do sul e do norte se afastavam um do outro.

MONTANDO O CENÁRIO

Por 150 milhões de anos, os maiores e mais importantes animais da Terra foram os dinossauros. Esse raro grupo de répteis evoluiu em centenas de formas diferentes. Alguns eram menores do que uma galinha atual, outros eram grandes como uma casa, e eles vinham em todos os tamanhos nesse intervalo. O mundo dos dinossauros era muito diferente do atual. O clima era normalmente mais quente e úmido do que é hoje em dia, e os níveis do mar eram muito mais altos. Até o mapa do mundo era diferente, pois os continentes vagavam pela superfície da Terra.
Era um mundo estranho habitado por criaturas esquisitas.

OS PRIMEIROS DINOSSAUROS

Os mais antigos ossos de dinossauro fossilizados até o momento encontrados foram descobertos na América do Sul. Eles datam de aproximadamente 228 milhões de anos atrás. Esses fósseis, que pertencem a dinossauros saurísquios, podem ter sido ancestrais dos terópodes e dos saurópodes. Todas essas criaturas andavam sobre as pernas traseiras. Isso significa que podiam correr mais rápido do que outros animais e podiam usar as pernas dianteiras para pegar a presa.

▲ Esta ilustração mostra um crânio de um Eoráptor segurado por uma mão humana. Eoráptor significa "ladrão da alvorada", um bom nome para um dos primeiros dinossauros.

O ESQUELETO

A chave para o sucesso dos primeiros dinossauros pode ser encontrada em seu esqueleto. O esqueleto abaixo pertence a um Celófise, um pequeno terópode do final do Triássico. Sua diferença mais óbvia de outros répteis é que o Celófise ficava de pé sobre duas pernas. A cauda comprida equilibra o corpo e as pernas ficam retraídas por baixo para que o peso do animal seja sustentado pelos ossos. Isso deixa os músculos livres para prover força a fim de correr. Os ossos muitas vezes tinham buracos ou sacos de ar que os deixavam especialmente leves. Essas adaptações físicas todas contribuíram para um estilo de vida ágil e rápido. Os primeiros dinossauros eram capazes de correr mais rápido e obter alimento mais habilidosamente do que seus rivais – foi dessa maneira que eles se tornaram dominantes. Embora alguns dinossauros posteriores fossem grandes e robustos, eles eram todos relativamente leves para seu tamanho.

Nos dinossauros ornitísquios, ▶ o púbis se movimentava de modo a apontar para trás em vez de para frente, como acontecia com outros répteis. Isso permitia aos imensos órgãos digestórios dos animais se apoiarem perto das pernas. Os ornitísquios herbívoros podiam ficar sobre as duas pernas, ao passo que os saurísquios herbívoros – os saurópodes – tinham que se mover sobre quatro pernas.

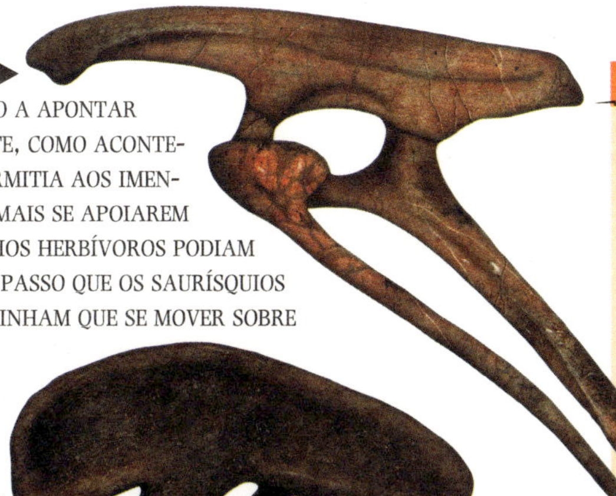

Os dinossauros saurísquios ▶ tinham os três ossos do quadril dispostos como os dos répteis modernos. O íleo, que se ligava à coluna vertebral, era grande e arredondado. O púbis apontava para frente, para segurar os músculos da perna, enquanto o ísquio apontava para trás a fim de segurar mais músculos da perna e músculos da cauda.

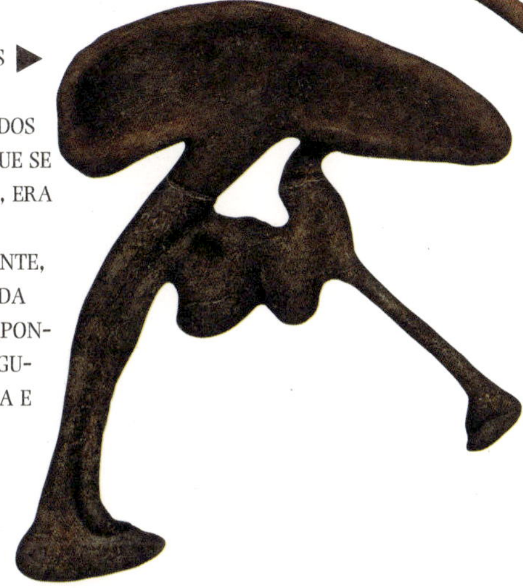

SAURÍSQUIOS E ORNITÍSQUIOS

Todos os dinossauros são saurísquios ou ornitísquios. Por muitos anos, não era claro como os dois grupos estavam relacionados. Agora sabemos que os dinossauros saurísquios evoluíram primeiro. Eles apareceram na América do Sul aproximadamente 228 maa e se espalharam rapidamente para todas as partes do mundo. Depois, aproximadamente 210 maa, um grupo pequeno de dinossauros evoluiu no sul da África. Esses herbívoros desenvolveram uma espécie de bico na frente das mandíbulas. O esquema de seus ossos de quadril também evoluiu para abrir espaço para um sistema digestório maior que pudesse extrair tanta nutrição quanto possível da comida vegetal. Estes eram os ornitísquios. Diferentemente dos saurísquios, esses dinossauros não se espalharam rapidamente. Eles continuaram raros por 60 milhões de anos, até que começaram a se desenvolver em muitas novas espécies de criaturas no final do período Jurássico.

HERRERASSAURO

O Herrerassauro foi o maior e mais poderoso caçador de sua época. Ele era capaz de matar e devorar praticamente qualquer outro animal vivo daquele tempo. Ele tinha uma bocarra com dentes muito afiados que eram encurvados para trás, de modo a dar um aperto firme em sua presa. As pernas frontais do Herrerassauro carregavam garras afiadas que prendiam a vítima enquanto ele a atacava com os dentes. As pernas traseiras eram poderosas, o que permitia ao animal se mover com grande velocidade para alcançar e capturar quase qualquer criatura.

ÁRVORE GENEALÓGICA

Os dinossauros evoluíram de um pequeno grupo de ancestrais de arcossauro que viveram aproximadamente 225 maa. Aqueles dinossauros se dividiram em dois grupos principais que tinham características muito distintas e que podem ser facilmente identificadas por seus ossos de quadril. Os dinossauros saurísquios tinham quadris semelhantes aos dos répteis atuais, enquanto os ornitísquios tinham quadris parecidos com os das aves atuais. Todos os ornitísquios eram herbívoros e tinham uma espécie de bico na frente da mandíbula, chamado de osso predatório. Os ornitísquios eram relativamente raros até o final do Jurássico, quando eles evoluíram em novas formas e se tornaram mais numerosos. Os saurísquios incluem os gigantescos saurópodes herbívoros e os terópodes carnívoros.

Ascensão dos Répteis 16
Primeiros Dinossauros 18
Aurora dos Dinossauros 20
Mamíferos e Dinossauros 30
Primeiros Mamíferos 32

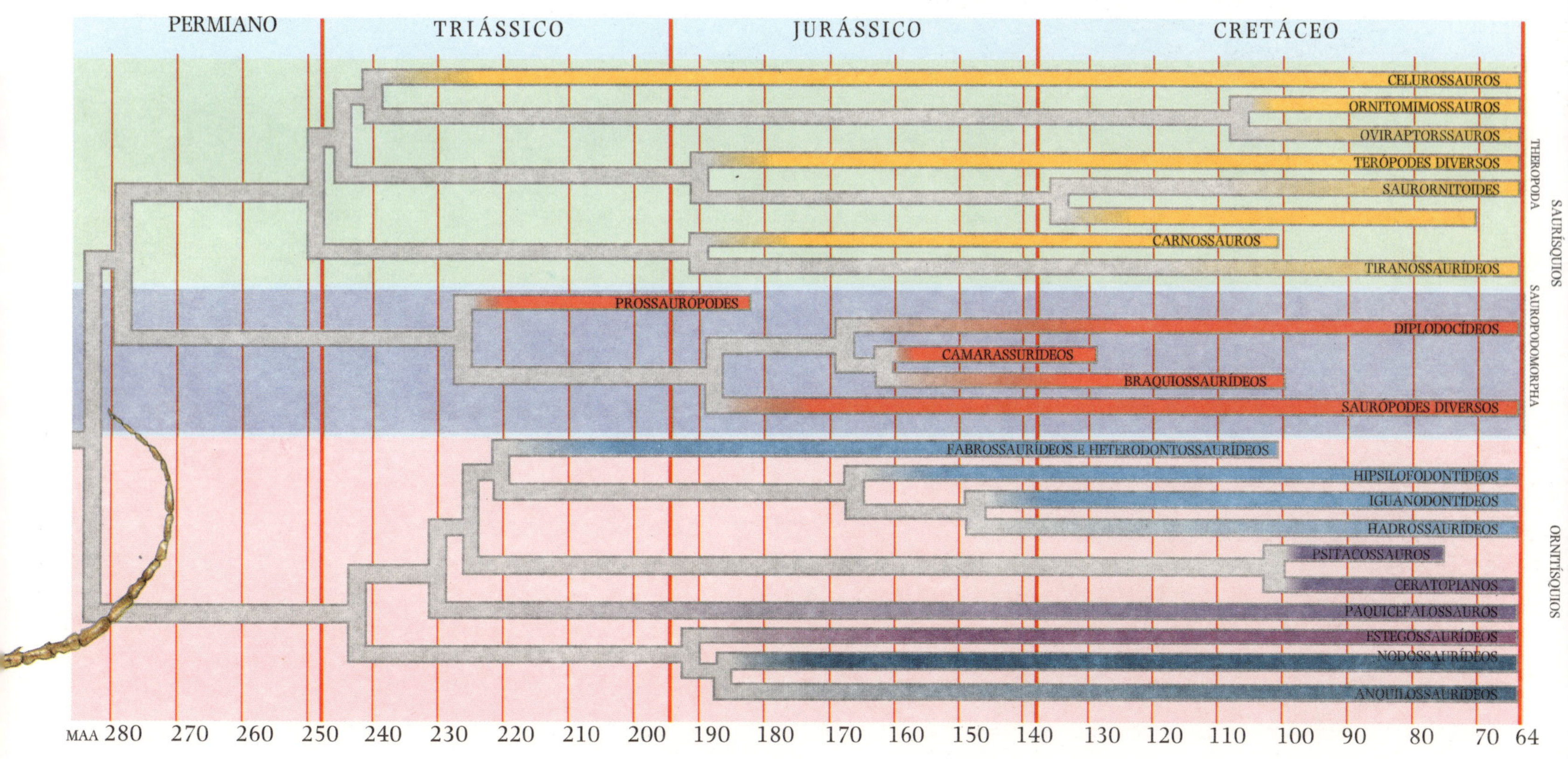

O Fim de uma Era

Um anfíbio Cacops observa um bando de répteis Scutossauros herbívoros vagar pelas planícies. O bando é perseguido por um feroz réptil mamaliforme chamado Inostrancevia, que pode matar com facilidade um Scutossauro.

A criatura com jeito de lagarto em primeiro plano é o Millerossauro. Todos esses animais estão fadados à extinção. Poderosos vulcões expeliram milhões de quilômetros cúbicos de rocha, poeira e gás que vão bloquear o sol.

À medida que o planeta esfria, a mudança climática causa a extinção de 95% de todas as espécies de animais. O final do período Permiano – 245 maa – quase viu o fim da vida na Terra.

Os trilobitas (à direita) apareceram primeiro nos mares aproximadamente 570 maa. Eles sobreviveram de diversas formas por 230 milhões de anos, até que foram varridos pela extinção do Permiano. ▶

◀ As conchas espiraladas das amonites (à esquerda) são encontradas aos milhares nas rochas do período Permiano. Quase todos esses parentes das lulas atuais foram extintos no final do período Permiano.

VIDA NOS MARES DO PERMIANO

A vida nos mares mudou dramaticamente 285 maa, no início do período Permiano. A calota polar do sul derreteu, e o aumento nos níveis do mar inundou amplas áreas de terra, criando mares quentes e rasos, ideais para a vida marinha. As espécies existentes, como tubarões, peixes ósseos e trilobitas, aumentaram em número e variedade. Novos animais também apareceram. As amonites eram caçadoras ativas que tinham como presas criaturas menores, enquanto os mariscos bivalves – como os mexilhões e moluscos atuais – apareceram e se difundiram. No final do período Permiano, todos os continentes principais eram unidos em um único continente. Os mares formavam um oceano único através do qual os animais marinhos podiam migrar. Os animais marinhos de todas as áreas eram similares.

VIDA TERRESTRE

As condições de vida terrestre se transformaram rapidamente durante o período Permiano. Quando o período começou, 285 maa, a maioria das áreas era quente e úmida. Essas condições eram ideais para os anfíbios que tinham evoluído aproximadamente 80 milhões de anos antes. Havia cerca de 100 espécies diferentes de anfíbios, a maioria dos quais vivia principalmente em terra. Acredita-se que essas criaturas, algumas delas bastante grandes, botavam ovos na água. A prole passava seu estágio larval ali, mas vivia em terra quando na fase adulta. Durante o período Permiano, no entanto, o clima se tornou mais seco e quente. Pelo fato de a água poder evaporar através da pele dos anfíbios, eles não conseguem sobreviver muito tempo no ar seco. Eles recuavam para áreas que permaneciam úmidas. A maioria das formas começou a passar a maior parte de seu tempo dentro ou perto da água.

▲ No período Permiano, tubarões caçadores, como o Hybodus (acima), tornaram-se comuns – da mesma forma que os peixes ósseos, como o Platysomus que esse Hybodus tem na boca. Os dois grupos sobreviveram à extinção do Permiano em pequenos números.

▼ O esqueleto abaixo pertence ao anfíbio Eryops – outra vítima da extinção do Permiano. Esta criatura tinha um corpo musculoso e uma bocarra enfileirada de dentes afiados. Ele provavelmente boiava em lagos e pântanos e aguardava a presa ficar ao alcance antes de dragar vítimas para baixo da água, com o objetivo de afogá-las.

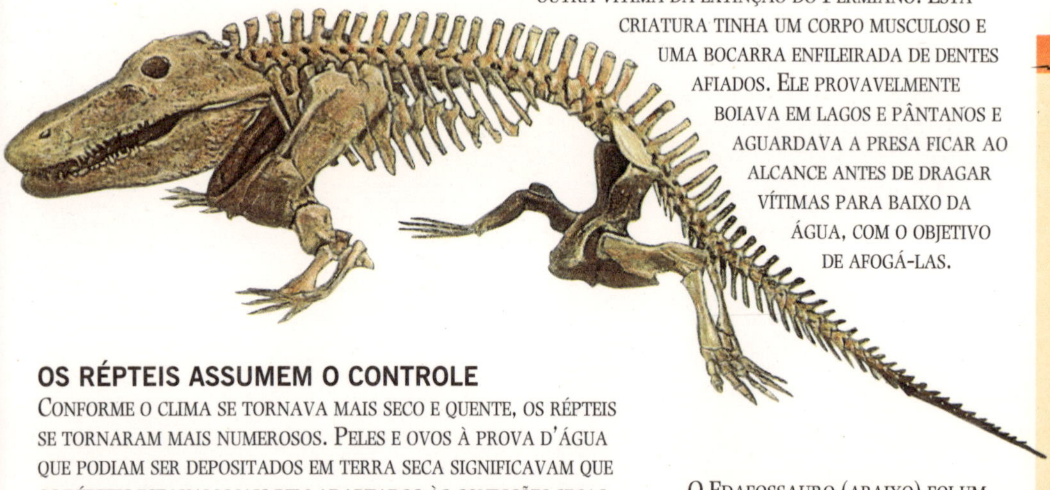

O QUE É UMA EXTINÇÃO EM MASSA?

Em qualquer período observado, existem milhares de espécies de animais e plantas na Terra. Com o passar do tempo, algumas dessas espécies morrem e se tornam extintas, enquanto outras espécies evoluem em novas formas. No decorrer de grandes períodos, o número de animais diferentes aumenta gradualmente – a evolução cria novas espécies de animais e plantas mais rápido do que as mais antigas que morrem. Em determinados momentos da história da Terra, porém, as extinções acontecem tão rapidamente que a evolução se sobrecarrega. Isso faz com que o número de espécies caia drasticamente. Esse fenômeno é conhecido como extinção em massa. Uma extinção em massa aconteceu 65 maa quando os dinossauros e a maior parte dos outros grandes animais foram eliminados rapidamente. A extinção do Permiano de 245 maa, foi ainda mais séria e aconteceu no decorrer de um período maior.

OS RÉPTEIS ASSUMEM O CONTROLE

Conforme o clima se tornava mais seco e quente, os répteis se tornaram mais numerosos. Peles e ovos à prova d'água que podiam ser depositados em terra seca significavam que os répteis estavam mais bem adaptados às condições secas do que os anfíbios. Répteis Sinapsídeos eram os mais numerosos. Caçadores do grupo pelicossauro se tornaram as maiores e mais poderosas criaturas. Os répteis herbívoros também se tornaram comuns. Eles tendiam a ser criaturas pesadas e atarracadas com pernas vagarosas e esparramadas. No final do Permiano, novos répteis, chamados Terapsídeos, tornaram-se comuns. Eles tinham pernas mais compridas e podiam correr mais rápido, embora somente por breves aceleradas.

O Edafossauro (abaixo) foi um dos répteis que se tornaram mais comuns no período Permiano. A grande aba de pele nas costas tinha suporte de ossos compridos e pode ter sido de colorido brilhante para uso como painéis de acasalamento. ▼

A EXTINÇÃO DO PERMIANO

A simples escala da extinção do Permiano foi inacreditável. Cerca de metade de todas as espécies de plantas morreram. Nos mares, cerca de 90% dos animais foram eliminados. Em terra, 98% dos animais foram conduzidos à extinção. Em algumas áreas, somente um ou dois tipos de animais sobreviveram. A extinção do Permiano não aconteceu toda de uma vez. O registro fóssil mostra que as extinções começaram a aumentar rapidamente cerca de 252 maa e alcançaram níveis catastróficos aproximadamente 245 maa. O padrão de desastre mostra que mudanças graduais foram lentamente acontecendo, eliminando da existência espécies individuais. Cada extinção afetava outras criaturas. Com o tempo, ecossistemas inteiros desmoronaram.

TEORIAS DE EXTINÇÃO

A maioria dos cientistas acredita que uma série de eventos, em vez de uma única causa, ocasionou a extinção do Permiano. À medida que o período foi chegando ao fim, mudanças dramáticas estavam acontecendo na Terra. Imensas erupções vulcânicas na Ásia despejaram quantidades gigantescas de poeira e gás na atmosfera. A poeira bloqueou os raios solares e fez com que o clima pelo planeta se esfriasse. Os animais e as plantas que precisavam de condições mais quentes morreram. Conforme a água congelava nas calotas polares, os níveis do mar diminuíram drasticamente. Isso matou espécies que estavam adaptadas aos mares rasos. Pelo fato de os continentes terem se unido numa única massa de terra, os efeitos das estações eram maiores. Isso matou espécies adaptadas a condições climáticas estáveis.

▲ O final do período Permiano foi um período de reviravoltas. À medida que as massas terrestres se juntavam para formar um supercontinente, a Pangeia (acima), muitas espécies perderam seus habitat com o surgimento de montanhas e o desaparecimento de cursos d'água. O resfriamento do clima congelou grandes quantidades de água formando as calotas de gelo polar. Isso destruiu os extensos mares rasos em que muitas plantas e animais viviam.

Uma teoria dramática para explicar a extinção do Permiano é que um gigantesco meteorito ou cometa irrompeu na Terra. Tal colisão, dizem, teria matado toda a vida próxima ao local de impacto. A massa de poeira lançada na atmosfera teria sufocado a maior parte de vida em outros lugares no planeta. Jamais se encontrou, contudo, alguma cratera de impacto, e as rochas do período não mostram sinal algum de poeira de cometa ou meteorito.

OS SOBREVIVENTES

Por mais devastadora que a extinção do Permiano tenha sido, existiram uns poucos sobreviventes. Com seus rivais fora do caminho, essas espécies aumentaram rapidamente e evoluíram em muitas formas diferentes. Vinte milhões de anos após a extinção do Permiano, apareceram muitas novas espécies de animais e a vida na Terra estava a caminho de se recuperar.

◀ A água-viva (à esquerda) apareceu primeiro cerca de 600 maa e sobreviveu à extinção do Permiano em grandes números.

▶ As plantas não foram tão severamente atingidas quanto os animais do Permiano. Muitas sobreviveram, incluindo a cicadácea (abaixo) e o ginkgo (à direita). ▼

O grupo de répteis dicinodontes sobreviveu ao Permiano e rapidamente se difundiu. Em pouco tempo, o Listrossauro (abaixo) correspondia a 90% dos répteis nos continentes do sul. ▼

Fim de uma Era 10
Ascensão dos Répteis 16
Aurora dos Dinossauros 20
Mares, rios e lagos do Triássico 36

RÉPTEIS NA TERRA

CERCA DE 25 MILHÕES DE ANOS APÓS A EXTINÇÃO DO PERMIANO, GRANDES MANADAS DE PARRUDOS RÉPTEIS PLACÉRIAS MOVEM-SE SEM JEITO PELA PAISAGEM. ELES USAM SUAS PRESAS FORTES PARA CAVAR O CHÃO EM BUSCA DE RAÍZES E TUBÉRCULOS PARA COMER. ALGUNS RASGAM AS FOLHAS COM PODEROSAS MANDÍBULAS EQUIPADAS COM BICO. BEM ACIMA DELES, ENXAMES DE PETEINOSSAUROS MERGULHAM E PAIRAM EM BUSCA DE INSETOS PARA COMER. DE REPENTE, A PAZ É INTERROMPIDA PELA CHEGADA DE UM EUPARKERIA, UM PODEROSO CAÇADOR COM DENTES DILACERANTES E AFIADOS.

OVOS DE RÉPTEIS

Os ancestrais dos répteis – anfíbios – botavam ovos com um âmnio ao redor do embrião que controlava o fluxo de gases para dentro e para fora. Os répteis botavam ovos cleidóicos ou "fechados" com uma casca resistente ou encouraçada para impedir o ovo de ressecar na terra.

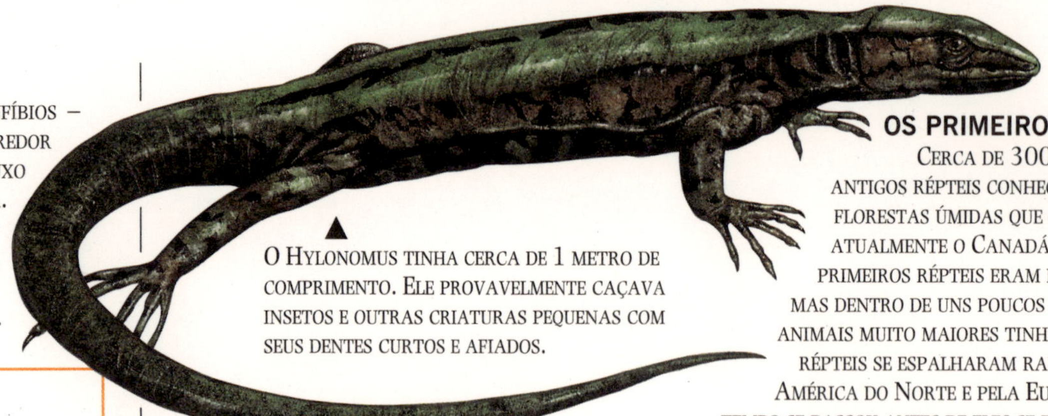

▲ O Hylonomus tinha cerca de 1 metro de comprimento. Ele provavelmente caçava insetos e outras criaturas pequenas com seus dentes curtos e afiados.

OS PRIMEIROS RÉPTEIS

Cerca de 300 maa, os mais antigos répteis conhecidos viviam em florestas úmidas que cobriam o que é atualmente o Canadá oriental. Esses primeiros répteis eram pequenos e ágeis, mas dentro de uns poucos milhões de anos, animais muito maiores tinham evoluído. Os répteis se espalharam rapidamente pela América do Norte e pela Europa, mas algum tempo se passou antes de eles se dirigirem à Ásia, à África e a outros continentes.

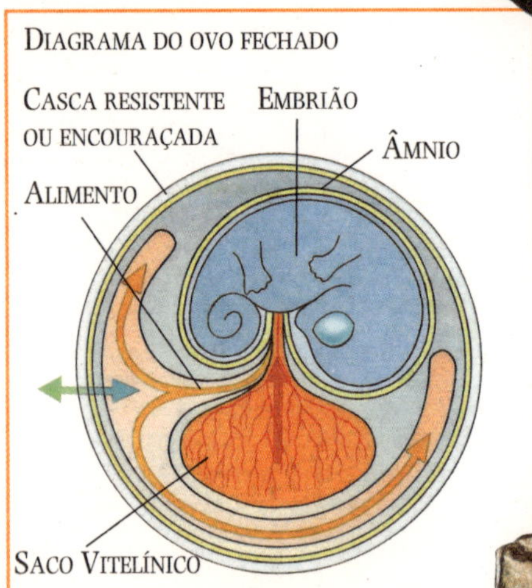

A ASCENSÃO DOS RÉPTEIS

Por 240 milhões de anos, os répteis dominaram o mundo. Os maiores caçadores e herbívoros terrestres eram répteis. Os mares fervilhavam de répteis predadores que comiam qualquer coisa em seu caminho. Até mesmo os céus eram repletos de répteis voadores. Essas criaturas deviam seu sucesso a sua habilidade de viver em terra seca sem retornar para a água, como seus ancestrais, os anfíbios, tinham que fazer. Livres para percorrer a Terra, os répteis evoluíram em muitas formas e tiraram vantagem dos estilos de vida e alimentação disponíveis.

A ÁRVORE GENEALÓGICA DO RÉPTIL

Todos os répteis pertencem a um de quatro grupos. O primeiro são os anápsidos, como as tartarugas e os cágados, que possuem crânios sem brechas entre os ossos. O segundo grupo são os sinapsídeos, que têm uma única abertura entre os ossos do crânio. Os mamíferos evoluíram a partir desses répteis. O terceiro grupo são os diapsídeos, que possuem duas aberturas cranianas. Os dinossauros e os crocodilos são diapsídeos. O grupo final, os euriápsidos, tinham uma abertura no alto de cada lado da cabeça. Esse grupo extinto incluía répteis marinhos como os Ictiossauros e os Plesiossauros.

OS PRIMEIROS ANIMAIS TERRESTRES

Cerca de 350 maa, os animais evoluíram de forma a poder sobreviver sem água por tempo suficiente para comer plantas terrestres. Os primeiros animais terrestres eram invertebrados com carapaças corporais resistentes, tais quais os insetos e o escorpião (como o fóssil acima).

Répteis na Terra 14
Répteis nos ares 26
Mamíferos e Dinossauros 30

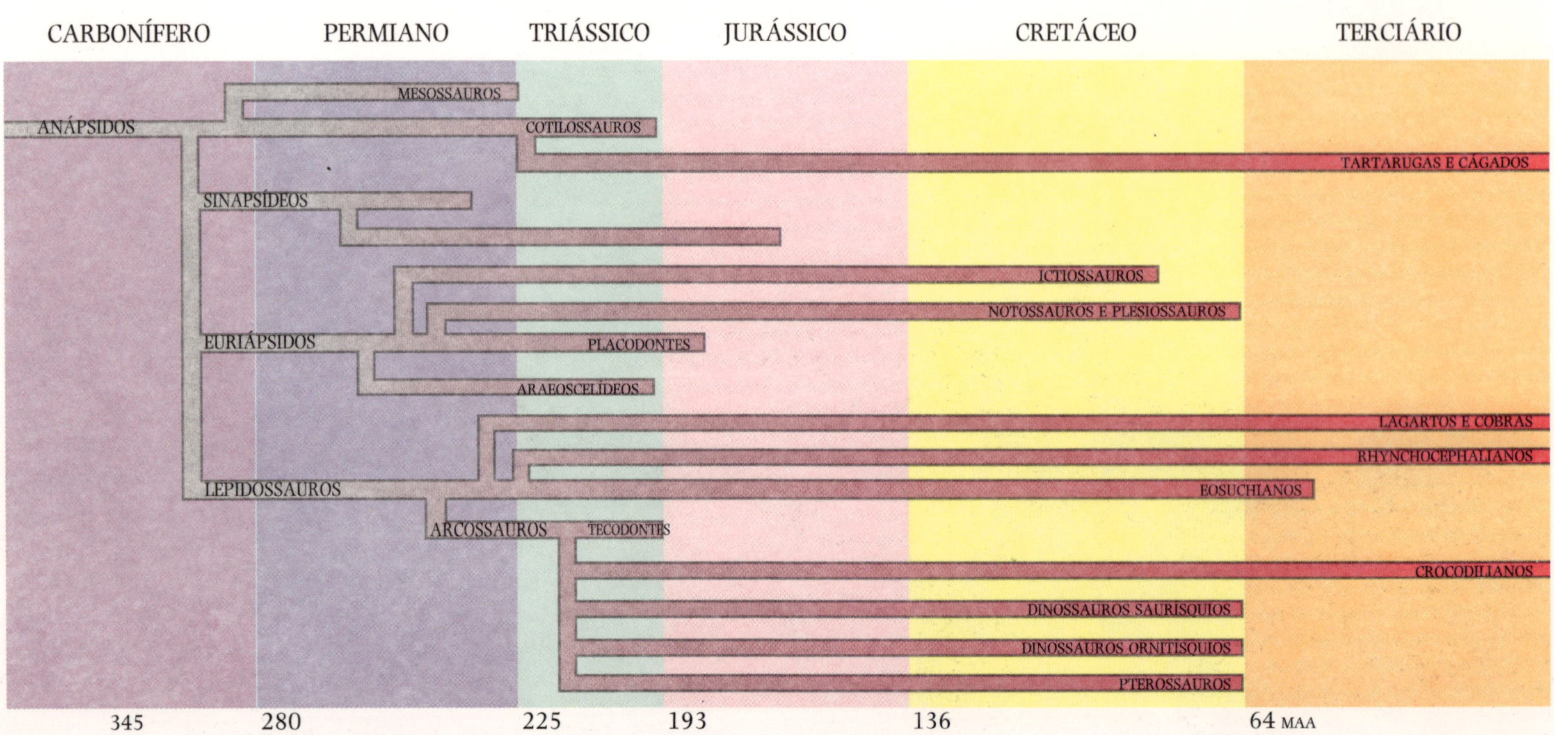

RÉPTEIS MAMALIFORMES

Durante o período Permiano, de 286 até 245 maa, os répteis mais bem-sucedidos foram os sinapsídeos. Esses répteis gradualmente desenvolveram características de mamífero, tais como mandíbulas fortes, dentes com formatos diferentes e pelos. Eles também mantiveram alguns traços de réptil, como botar ovos. Os ovos fossilizados (à esquerda) foram botados aproximadamente 260 maa ao sul da África.

O QUE É UM RÉPTIL?

Os répteis estão entre os animais mais bem-sucedidos que já viveram. Eles evoluíram primeiro cerca de 300 maa e rapidamente se tornaram a forma mais importante de vida terrestre. Já que alguns evoluíram, eles eram capazes de viver no mar e voar. Os répteis foram bem-sucedidos porque estavam bem adaptados à vida em terra. Eles tinham pernas fortes para sustentar seu peso e pele à prova d'água, que impedia seu corpo de ressecar. Eles também botavam ovos que podiam sobreviver em terra, diferente dos anfíbios, que tinham que botar seus ovos delicados na água. Os répteis absorviam calor das redondezas, muitas vezes da luz solar, para aquecer seu corpo. Somente quando estavam quentes o bastante podiam se mover rápido e eficazmente. Mais tarde, os répteis evoluíram em mamíferos e aves que podiam criar seu próprio calor corporal. Embora esses novos grupos tenham assumido o controle da terra e dos céus, ainda existem centenas de espécies de répteis diferentes vivos hoje em dia.

▲ O Rincossauro tinha pernas esparramadas, um corpo robusto e dentes frontais feito um bico.

RINCOSSAUROS

Durante o período Triássico, 248 até 206 mma, os répteis herbívoros diapsídeos conhecidos como rincossauros viviam nos continentes do sul. Todas as espécies diferentes tinham um grande corpo parrudo e pernas fortes e musculosas. Seus dentes frontais eram usados para pegar frondes de samambaias, que cresciam em vasto número na época. As folhas eram então cortadas por fileiras de dentes traseiros interligados. Cerca de 215 maa, as samambaias desapareceram e os rincossauros também se extinguiram.

RÉPTEIS NO AR

Enquanto os répteis estavam evoluindo para assumir o controle do solo, os ares pertenciam aos insetos que tinham evoluído para viver em terra muito antes dos répteis. Qualquer réptil que pudesse adotar os ares seria não apenas capaz de escapar do perigo, mas também de caçar insetos sem concorrência. Um dos primeiros répteis a evoluir para fazer isso foi o Icarossauro (acima), que vivia na América do Norte cerca de 220 maa. Ele tinha costelas muito compridas que eram unidas por uma aba de pele. Ele não podia voar de verdade, mas era capaz de planar de uma árvore para outra por até 60 m sem aterrissar.

▲ O Erythrosuchus era um típico grande caçador tecodonte. Ele viveu no início do período Triássico na África e alcançava 4,5 metros de comprimento.

TECODONTES

Cerca de 230 maa, um novo réptil apareceu – o tecodonte. Os tecodontes, cujo nome significa "dente em soquete", eram diapsídeos. Os mais antigos tecodontes viviam em áreas pantanosas e tinham a habilidade de se impulsionar com suas poderosas pernas traseiras. Mais tarde, os tecodontes se mudaram para terra seca e foram capazes de correr curtas distâncias só em suas pernas traseiras, o que os tornou muito mais rápidos do que outros répteis. Essas criaturas mais tarde evoluíram para dinossauros.

◀ No final do período Triássico, cerca de 215 maa, o Henodus evoluiu e passou a se alimentar de mariscos. Ele tinha uma mandíbula quadrada repleta de dentes largos e trituradores. Ele tinha 1 metro de comprimento e suas costas e lado inferior eram cobertos com placas espessas de osso e chifres para protegê-lo dos caçadores.

DE VOLTA À ÁGUA

Por terem se desenvolvido para viver em terra, alguns répteis logo evoluíram para viver na água. Havia muito para comer na água e os répteis podiam usar sua cauda e suas pernas poderosas para nadar.

Os Primeiros Dinossauros

Um bando de Celófises famintos abocanha qualquer coisa que se mova nas terras áridas do final do Triássico na América do Norte, onde os meses de chuva intensa eram seguidos por verões extensos de calor seco. O feroz, ágil e poderoso Celófise sobreviveu às estiagens anuais fazendo de presa qualquer coisa que ele pudesse encontrar. Um bando desses predadores podia abater até mesmo o maior animal da época.

A aurora dos dinossauros

O aparecimento dos dinossauros como os animais terrestres mais importantes da Terra aconteceu no decorrer de vários milhões de anos. Eles se desenvolveram a partir de um grupo de répteis imensamente bem-sucedidos, os arcossauros, que apareceram no final do período Permiano. No Triássico, os arcossauros se tornaram os principais caçadores terrestres. Um pequeno grupo de arcossauros desenvolveu características especiais no crânio e na maneira que eles caminhavam. Talvez tenham existido também outras características novas, como um coração e metabolismo melhorado, que não são vistos nos fósseis. Essas modificações os tornaram dinossauros e eles gradualmente se tornaram os mais numerosos e importantes animais da Terra.

CARACTERÍSTICAS DO ARCOSSAURO

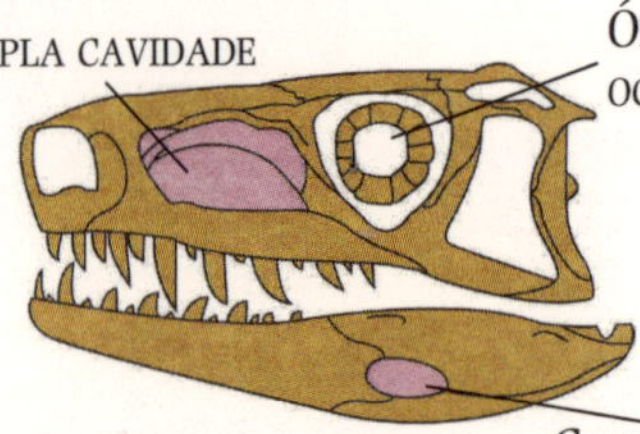

Crânio do Euparkeria

O crânio do antigo arcossauro Euparkeria (acima) mostra alguns traços característicos do arcossauro. Na frente do olho fica uma ampla cavidade. Uma cavidade menor se encontra na mandíbula inferior. Essas cavidades podem ter contido glândulas, talvez para secretar sal. O esqueleto do Saurosuchus (à direita) mostra outras características distintas, incluindo uma fileira de placas ósseas na pele das costas, uma cauda comprida e uma postura semiereta. As pernas traseiras eram mais fortes e mais compridas do que as pernas dianteiras.

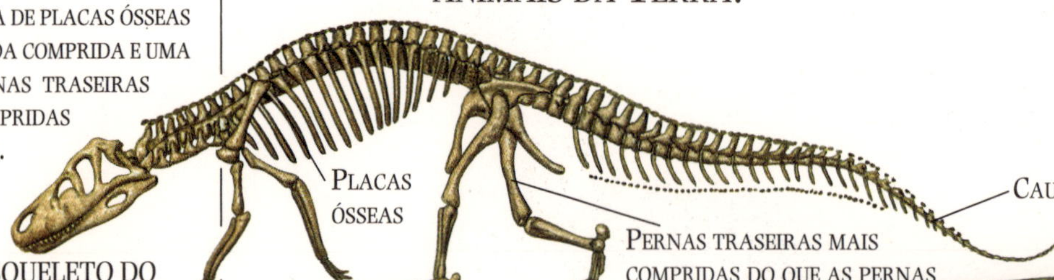

Esqueleto do Saurosuchus

Pé do arcossauro

Pé do dinossauro

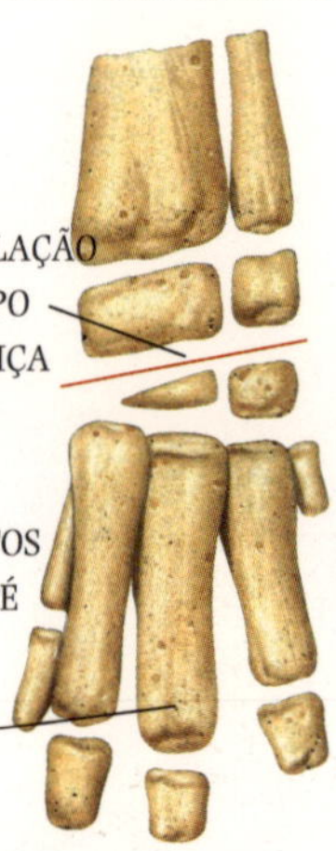

OS CALCANHARES DO ARCOSSAURO

A mudança da postura semiereta dos arcossauros para uma postura totalmente ereta dos dinossauros envolvia mudanças significativas para a articulação do calcanhar e o pé. Por ser o pé do arcossauro parcialmente para o lado do animal, a articulação do calcanhar tinha que ser capaz de girar conforme o corpo passasse pelo pé. Isso significava que os arcossauros tinham uma articulação esferoide no calcanhar. O calcanhar do dinossauro, porém, apenas tinha que se inclinar para trás e para frente conforme o corpo se movia sobre ele, então a articulação esferoide desapareceu. Outra diferença-chave é que os dedos do pé do dinossauro eram todos aproximadamente do mesmo comprimento, ao passo que os dedos do pé do arcossauro tinham comprimentos diferentes, para lidar com o movimento de torção.

POSTURA

Todos os répteis primitivos tinham pernas que brotavam nas laterais do seu corpo – uma postura que eles herdaram de seus ancestrais anfíbios e que a maioria dos répteis de hoje em dia ainda tem.
A postura é adequada para animais pequenos, mas torna a movimentação lenta. Animais que precisavam correr rápido para fugir do perigo ou pegar uma presa evoluíram para ter uma postura mais ereta, a fim de obter maior velocidade.
Com o tempo, alguns animais evoluíram para uma postura totalmente ereta. Isso lhes conferiu velocidade e lhes permitiu ficar maiores, pois seu peso era sustentado pelos ossos, não pelos músculos.

▲ A maioria dos répteis, como este Proterosuchus, tem uma postura esparramada com as pernas traseiras brotando nas laterais de seu corpo.

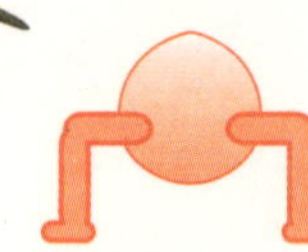

◀ Poucos répteis, como o Euparkeria (à esquerda), eram capazes de empurrar as pernas parcialmente sob o corpo quando corriam. Esta é a postura semiereta.

▶ Os ancestrais diretos dos dinossauros, como este Ornithosuchus (à direita), tinham uma postura totalmente ereta com as pernas diretamente debaixo do corpo. Esta postura é compartilhada somente pelos mamíferos e pelas aves.

Os Primeiros Dinossauros 18
Os Primeiros Pterossauros 28
Mamíferos e Dinossauros 30

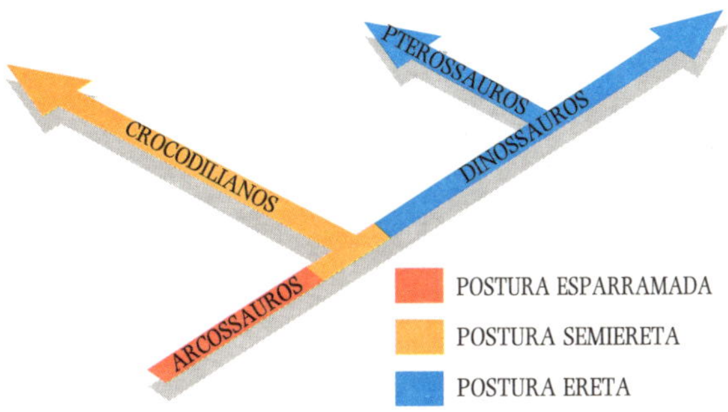

A divisão dos arcossauros

A caminho da metade do Triássico, os arcossauros se dividiram em três espécies de répteis. A primeira, composta dos ancestrais dos jacarés e crocodilos atuais, apareceu cerca de 235 maa. A segunda espécie englobou os pterossauros, ou répteis voadores, que provavelmente evoluíram pouco antes de 227 maa. O terceiro grupo foi o dos dinossauros. Tendo evoluído nesses três grupos, os próprios arcossauros se extinguiram no final do Triássico.

Terópodes

Os primeiros dinossauros foram os saurísquios, que rapidamente se dividiram em dois grupos. O primeiro grupo abrigava os terópodes, predadores carnívoros que caminhavam sobre duas pernas. Pelos 160 milhões de anos seguintes, os maiores caçadores terrestres foram os terópodes. Os terópodes tinham a cabeça grande, mandíbulas poderosas e dentes afiados (e geralmente encurvados). Os membros dianteiros eram fortes o bastante para agarrar a presa e as pernas traseiras; muitas vezes, possuíam garras grandes para chutar as vítimas.

◀ Este esqueleto fóssil é de um Celófise que viveu na América do Norte no final do Triássico. Este dinossauro era típico de terópodes menores, tendo cerca de 3 metros de comprimento. Os ossos eram finos e ocos (o nome celófise significa "forma oca"). Ele era um caçador veloz. O pescoço comprido era capaz de se lançar com ímpeto de um lado para outro em busca de pequenas presas.

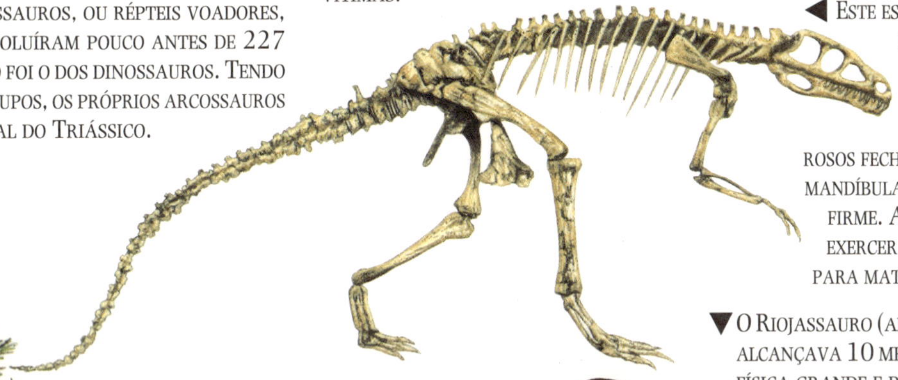

◀ Este esqueleto de Herrerassauro tem aproximadamente o mesmo comprimento que o Celófise, mas apresenta características típicas de terópodes maiores. O crânio era comprido e profundo, que permitia aos músculos poderosos fechar a mandíbula com uma mordida. A própria mandíbula tinha uma articulação para dar um aperto firme. As pernas dianteiras eram robustas e podiam exercer um aperto poderoso. O animal foi projetado para matar e comer completamente animais grandes.

▼ O Riojassauro (abaixo) foi um dos maiores prossaurópodes. Ele alcançava 10 metros de comprimento e tinha uma compleição física grande e parruda sobre pernas sólidas em formato de pilares. Apenas um pouco maior do que o Plateossauro, ele era muito mais pesado e provavelmente sempre caminhava sobre todos os quatro membros. Esses dinossauros eram, possivelmente, os herbívoros mais importantes de sua época.

Prossaurópodes

O segundo grande grupo de saurísquios eram os sauropodomorfos, que incluíam os maiores dinossauros. Os primeiros a aparecer foram os prossaurópodes, que se desenvolveram no final do Triássico e sobreviveram até o começo do Jurássico. Os prossaurópodes provavelmente evoluíram a partir de terópodes primitivos que deixaram de caçar em favor do estilo de vida herbívoro menos exigente. Eles podem ter aparecido primeiramente ao sul da África cerca de 210 maa, mas se espalharam rapidamente pelo globo.

▼ O Plateossauro alcançava cerca de 7 metros de comprimento, mas quase metade desse comprimento era de sua cauda. A pesada e comprida cauda equilibrava a frente do corpo e provavelmente ajudava o Plateossauro a se empinar e correr sobre suas pernas traseiras.

Perigo no Triássico

Um faminto Postosuchus observa um bando de Placérias perambulando. O Postosuchus é o maior carnívoro do Triássico. Ele se alimenta de uma variedade de criaturas, incluindo répteis mamaliformes — que são tão comuns. Mesmo sendo rápido e poderoso, o Postosuchus não ousa atacar a Placéria de compleição sólida. Ele aprendeu o quanto os chifres de face dela podem ser letais, e só vai atacar uma Placéria solitária quando ele puder surpreender a presa.

LENTO, MAS LETAL

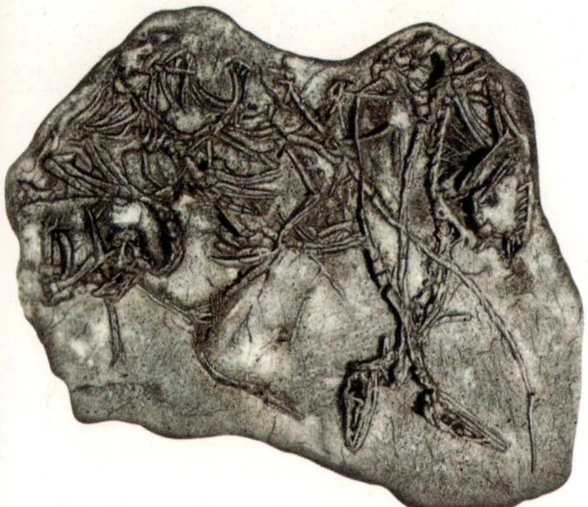

Os fósseis são os restos mortais de animais preservados nas rochas. Geralmente, são encontrados animais sozinhos e, muitas vezes, apenas partes de um animal. Às vezes, entretanto, grandes quantidades de animais são encontradas todas juntas. Na localidade do "Ghost Ranch", no Novo México, dúzias de esqueletos do Celófise foram encontrados empilhados. Uma enchente repentina provavelmente afogou e enterrou um bando dessas criaturas. Por mais dramáticos que sejam esses eventos, eles não explicam as extinções das espécies. Normalmente, existem sobreviventes de qualquer enchente ou seca. Mudanças ambientais, como aquelas que causaram a extinção do Permiano, são mais devastadoras. Em algum momento na metade do Triássico, muitos grupos de répteis se extinguiram e foram substituídos por dinossauros. Os dinossauros podem ter assumido o controle por serem mais bem adaptados às condições secas da época. Alguns cientistas acreditam, porém, que um meteorito gigantesco atingiu o Canadá por volta dessa época e causou alterações climáticas imensas que eliminaram muitos outros répteis.

PLACÉRIAS

Um dos mais comuns herbívoros do final do Triássico era o réptil Placéria. Ela chegava a 3 metros de comprimento e pesava por volta de 1 tonelada. O sucesso das Placérias foi provavelmente devido aos seus dentes que eram capazes de se movimentar para frente e para trás com a finalidade de triturar plantas resistentes. Embora grande, a Placéria não conseguia deter um ataque de um bando de Celófises. Sua única esperança era usar suas presas para ferir e afugentar os caçadores.

SOBREVIVÊNCIA NO TRIÁSSICO

O reino dos dinossauros estava apenas começando no Triássico. O período não era dominado por nenhum grupo de animais. Em vez disso, muitas criaturas competiam por alimento e recursos. Diversos grupos de répteis diferentes dominavam o território. Os mais numerosos no começo e na metade do Triássico foram os répteis mamaliformes do grupo dos cinodontes e dicinodontes. Mais tarde no Triássico, répteis diapsídeos se tornaram mais comuns. Isso incluía crocodilos, pterossauros e dinossauros.

◄ As libélulas evoluíram muitos milhões de anos antes do Triássico. Elas eram as maiores caçadoras dos insetos voadores.

POSTOSUCHUS

O Postosuchus era o maior e mais poderoso caçador do final do Triássico. Ele tinha cerca de 6 metros de comprimento e podia se empinar sobre suas pernas traseiras para agarrar uma presa. Ele provavelmente usava da surpresa para dominar animais maiores, como a Placéria, mordendo antes de a presa poder reagir. O Postosuchus era parente dos ancestrais dos crocodilos.

A Extinção do Permiano 13
Perigo no Triássico 22
Os Primeiros Mamíferos 32

▲ O Rutiodonte era um típico fitossauro com um corpo semelhante ao do crocodilo e com pernas esparramadas. Os maiores Rutiodontes tinham cerca de 3 metros.

PREDADORES AGRESSIVOS COM JEITO DE CROCODILO

Ao norte da Pangeia durante o final do Triássico, um grupo de caçadores chamados fitossauros evoluiu. Eles foram comuns por alguns milhões de anos antes de se extinguir. Eles se pareciam com crocodilos, mas tinham couraça ampla feita de placas ósseas dispostas na pele. Eles eram semelhantes aos crocodilos porque evoluíram para se encaixar num estilo de vida similar. Os dois grupos eram apenas parentes distantes.

◀ Este crânio fossilizado do fitossauro Nicrosaurus é comprido e esguio, com dentes pequenos e afiados. Os cientistas acham que ele se alimentava principalmente de peixes que capturava nos rios e lagos do final do Triássico. As narinas são elevadas no crânio, para que ele pudesse manter suas mandíbulas debaixo d'água enquanto caçava.

▶ O Cinognato tinha uma cobertura de pelo que o ajudava a manter uma temperatura corporal estável, diferentemente de outros répteis. Esse animal alcançava cerca de 1 metro de comprimento.

CINODONTES

Entre os caçadores do Triássico estavam os cinodontes. Essas criaturas apareceram primeiro no final do Permiano e sobreviveram até o final do Triássico. O nome cinodonte signitica "dentes de cão" e se refere aos dentes. Os cinodontes são chamados de répteis mamaliformes. Eles compartilham algumas características com os mamíferos. No final do Triássico, os cinodontes evoluíram para se tornar mamíferos.

▶ O crânio do Cinognato mostra os longos dentes caninos perto da frente de sua boca. Esses dentes são encontrados somente nos mamíferos e em seus ancestrais, o grupo de répteis cinodontes mamaliformes.

CANIBALISMO

Não é comum os animais comerem outros membros da mesma espécie. Mesmo os mais violentos caçadores evitam o canibalismo, preferindo se alimentar de herbívoros. Em 1947, os cientistas descobriram os fósseis de *Celófises* adultos com ossos de filhotes de *Celófise* dentro deles. À princípio, parecia que esses dinossauros tinham dado à luz filhotes vivos em vez de botar ovos. Porém, estudos posteriores demonstraram que os filhotes de *Celófises* não eram esqueletos completos, mas parte de corpos. Sem dúvida, eles foram a última refeição dos *Celófises* adultos antes de morrer. Talvez os *Celófises* comessem qualquer coisa que pudessem agarrar, até mesmo seus próprios filhotes. Alguns cientistas, no entanto, sugerem que o adulto pode ter se machucado de alguma maneira e ficado incapaz de apanhar sua presa normal. Ele pode ter ficado tão faminto que foi levado a devorar seu próprio filhote antes de ele, por fim, morrer.

Répteis nos Ares

Um par de Eudimorfodontes dá um rasante sobre um rio em busca de alimento na Europa do final do Triássico. Os dentes desse réptil mostram que seu principal alimento era o peixe, capturado quando imergia sua mandíbula na água enquanto voava logo acima da superfície. O jovem Eudimorfodonte pode ter caçado insetos, já que não era grande o bastante para carregar um peixe. Esses pterossauros, que viveram cerca de 220 maa, são os mais antigos até agora descobertos.

OS PRIMEIROS PTEROSSAUROS

Por milhões de anos, os únicos animais que podiam voar eram os insetos. Os maiores insetos voadores eram as libélulas – caçadores que dominavam os céus por consumirem insetos menores. De tempos em tempos, uns poucos répteis desenvolviam o poder de planar curtas distâncias. Então, no período Triássico, uma espécie de animal completamente nova evoluiu – os pterossauros, nome que significa "répteis alados". Eles eram capazes de voar, não apenas planar, e podiam caçar insetos no ar ou abocanhar peixes de lagos e mares. Por milhões de anos, os céus foram dominados pelos pterossauros, até que as aves assumiram o controle.

PLANANDO

Ficar no ar é difícil. A maneira mais fácil é planar, que é simplesmente um jeito de desacelerar a queda de um corpo. Isso é melhor desempenhado por animais com uma grande área de superfície comparada ao seu peso. A maioria dos animais planadores possui abas grandes de pele como área de superfície. Planar não usa os músculos, portanto, um voo impulsionado não é possível.

KUEHNEOSAURUS

Na Europa do final do Triássico, o Kuehneosaurus era um planador muito eficiente. Ele provavelmente podia planar por 60 metros, enquanto perdia apenas 2 metros em altura. A aba da pele que permitia isso era amparada por costelas estendidas que brotavam dos lados do corpo. O Kuehneosaurus possivelmente vivia em árvores e planava de uma árvore a outra para fugir do perigo.

O ancestral do pterossauro teria sido um réptil pequeno de quatro membros que vivia em árvores.

Em seguida, abas de pele se desenvolveram entre as pernas traseiras e dianteiras, com a função de planar.

A próxima característica seriam os quartos dedos compridos, para aumentar a área da aba da pele e tornar o ato de planar mais eficiente.

Um animal com asas de verdade, que vinham das pernas dianteiras e com mais músculos poderosos para empurrar a asa para baixo e permitir um voo impulsionado; essa teria sido a última etapa antes do pterossauro.

A EVOLUÇÃO DOS PTEROSSAUROS

Os mais antigos fósseis de pterossauros conhecidos vêm do final do período Triássico. Eles são totalmente evoluídos. Até o momento nenhum fóssil foi encontrado de uma criatura que tenha evoluído parcialmente de um réptil terrestre em um pterossauro voador. Contudo, existem pistas nos fósseis de pterossauro que mostram como eles podem ter evoluído. Os ossos cranianos mostram características similares a um grupo de répteis anteriores chamados eosuchians do final do período Permiano. Os crocodilos e dinossauros mais tarde evoluíram deste grupo. Acredita-se que um pequeno eosuchian se adaptou para escalar árvores, depois evoluiu num animal planador, a partir do qual os pterossauros então se desenvolveram. Todavia, os cientistas não sabem os detalhes precisos da evolução do pterossauro.

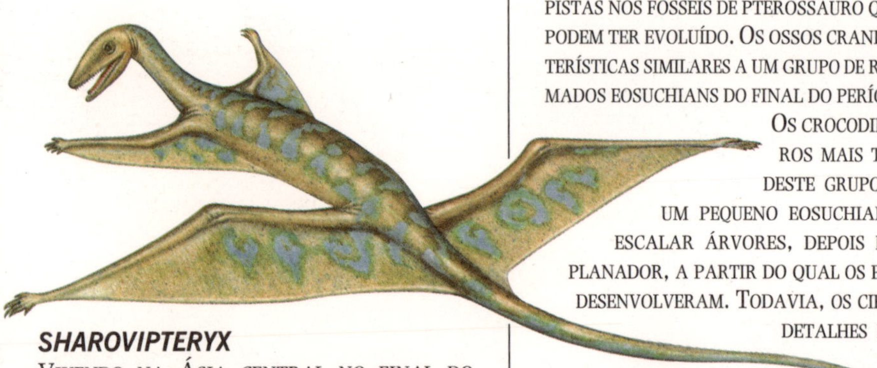

SHAROVIPTERYX

Vivendo na Ásia central no final do Triássico, o Sharovipteryx tinha pernas traseiras extremamente compridas com uma aba de pele conectada à cauda e ao corpo. As pernas dianteiras eram muito mais curtas e terminavam em pequeninas garras. É possível que o Sharovipteryx corresse rente ao solo e, então, saltasse para o ar e planasse em frente, usando as pernas dianteiras para agarrar insetos.

Répteis na Terra 14
Ascenção dos Répteis 16
Répteis nos Ares 26
Mares, Rios e Lagos do triássico 36

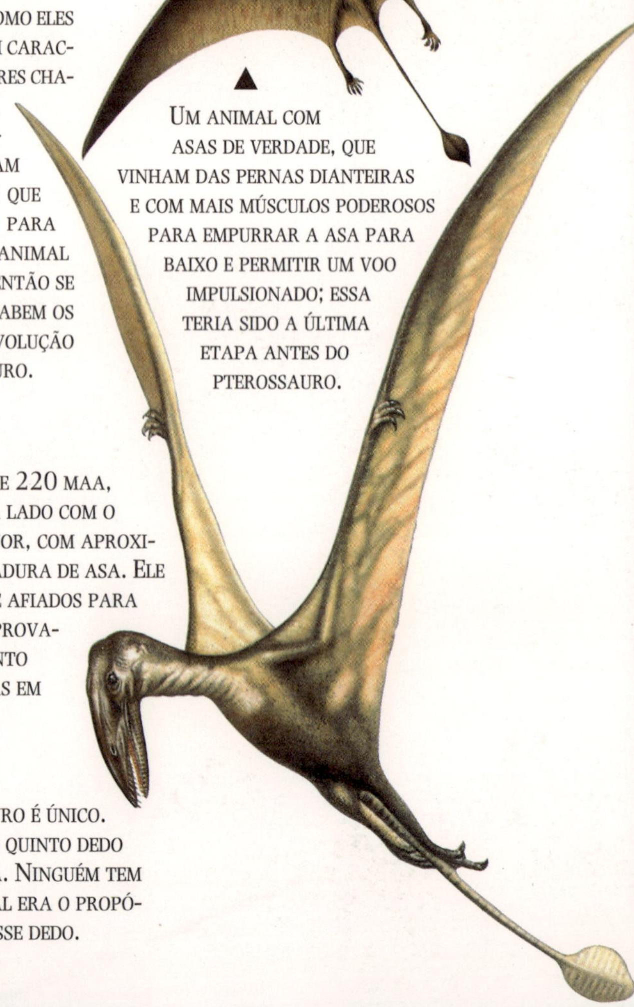

PETEINOSSAURO

Vivendo na Europa por volta de 220 maa, o Peteinossauro voava lado a lado com o Eudimorfodonte, mas era menor, com aproximadamente 60 cm de envergadura de asa. Ele tinha muitos dentes curtos e afiados para abocanhar insetos, que ele provavelmente capturava enquanto voava. As asas eram curtas em proporção ao seu corpo.

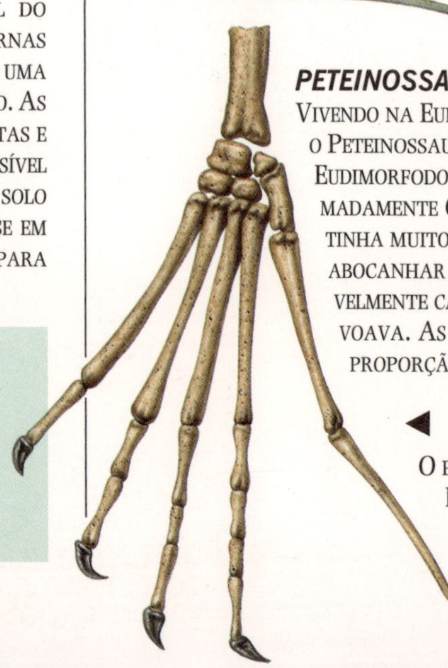

O pé do Peteinossauro é único. Ele tem um longo quinto dedo do pé sem garra. Ninguém tem certeza de qual era o propósito desse dedo.

O PROJETO CORPORAL DO PTEROSSAURO

Todos os pterossauros compartilhavam um projeto corporal em comum. As pernas dianteiras tinham evoluído em asas especializadas. O quarto dedo era extremamente comprido e sustentava a maior parte da asa. O braço era curto e conectado por músculos poderosos a um esterno muito grande. Esses músculos agitavam as asas e mantinham a criatura suspensa no ar. Três dos dedos tinham pequenas garras. Uma pequena protuberância a partir dos ossos do pulso sustentava uma aba de pele na frente da asa e pode ter sido usada em baixas velocidades. As pernas traseiras eram relativamente curtas e esguias. Alguns pterossauros podem ter sido capazes de andar eretos sobre suas pernas traseiras, mas a maioria provavelmente rastejava sobre os quatro membros. Os primeiros pterossauros do Triássico tinham a tendência de ter asas mais curtas e pernas traseiras mais compridas do que as espécies posteriores. Essas características podem indicar que o projeto corporal do pterossauro ainda estava evoluindo. Os pterossauros posteriores, chamados de *pterodáctilos*, tinham uma cauda bem curta que mal se projetava de trás do corpo.

EUDIMORFODONTE

A característica mais notável do Eudimorfodonte são seus dentes altamente especializados, que podem ser vistos no crânio fóssil (acima). Na frente da mandíbula ficavam presas compridas e pontudas com brechas entre elas. Mais para trás na mandíbula ficavam numerosos dentinhos, com diversas pontas cada um, e mais algumas presas compridas, todas firmemente acondicionadas juntas. Ao todo, havia cerca de 110 dentes nas mandíbulas com somente 6 cm de comprimento. Acredita-se que os dentes eram uma boa maneira de apanhar peixes, que seriam escorregadios e difíceis de agarrar.

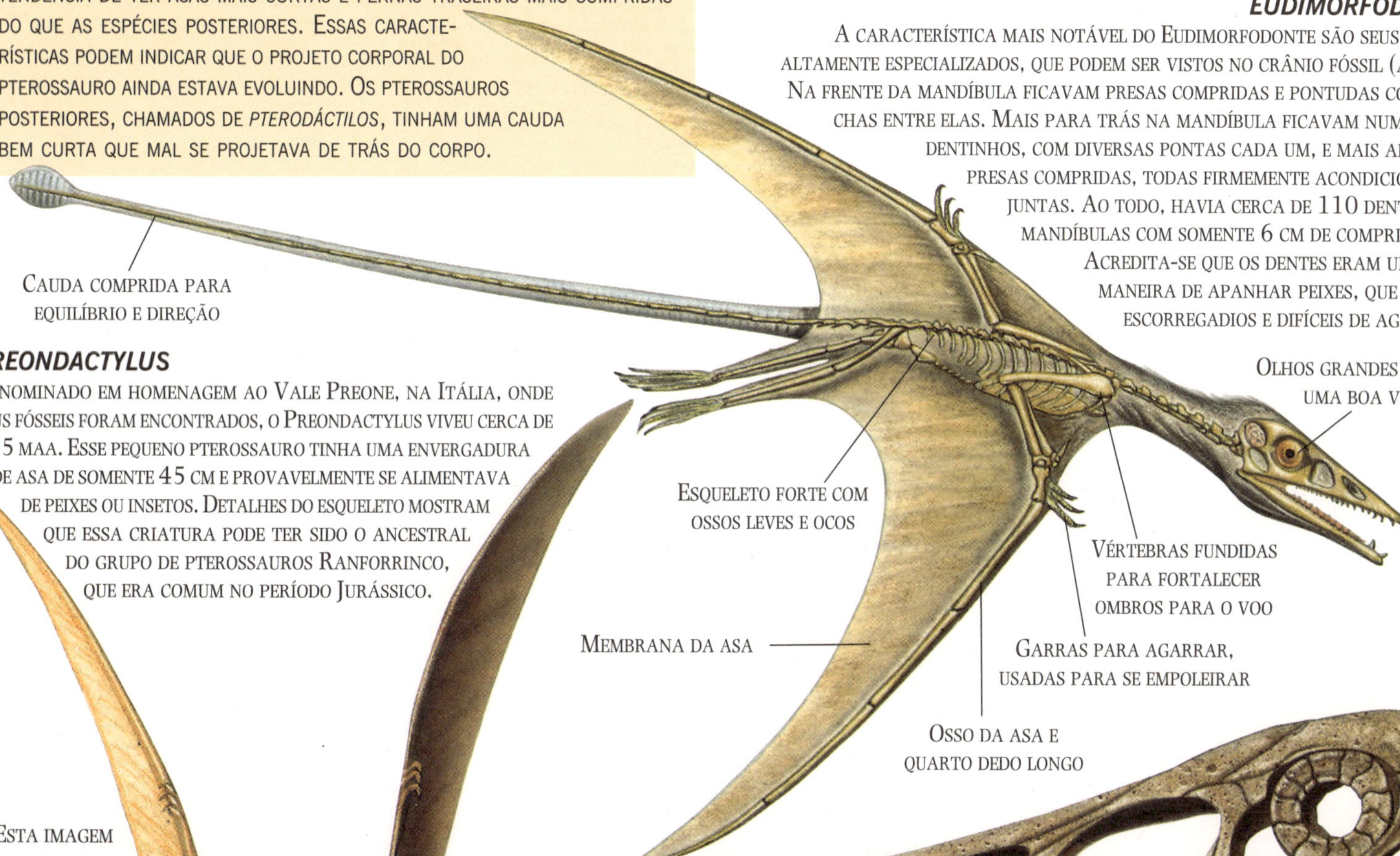

PREONDACTYLUS

Denominado em homenagem ao Vale Preone, na Itália, onde seus fósseis foram encontrados, o Preondactylus viveu cerca de 215 maa. Esse pequeno pterossauro tinha uma envergadura de asa de somente 45 cm e provavelmente se alimentava de peixes ou insetos. Detalhes do esqueleto mostram que essa criatura pode ter sido o ancestral do grupo de pterossauros Ranforrinco, que era comum no período Jurássico.

Este crânio de um Preondactylus mostra os dentes pontudos e o anel de osso que sustentava o olho.

Esta imagem mostra dois Preondactylus pescando e caçando insetos. Estes pequenos pterossauros tinham caudas relativamente compridas.

Mamíferos e Dinossauros

Enquanto o poderoso dinossauro caçador Herrerassauro busca a presa, dois pequeninos mamíferos arriscam uma saída da densa vegetação rasteira onde eles normalmente são encontrados. O focinhudo Megazostrodonte caçava insetos e outros invertebrados nas folhas que cobriam o solo. O Haramiya de focinho obtuso provavelmente se alimentava de frutas e brotos suculentos. Os mamíferos raramente saíam à luz do dia por medo de serem abocanhados como presa dos dinossauros carnívoros.

SINAPSÍDEOS

O ANCESTRAL DISTANTE DOS RÉPTEIS MAMALIFORMES E DOS PRÓPRIOS MAMÍFEROS ERA UM PEQUENO RÉPTIL QUE VIVEU NO PERÍODO CARBONÍFERO CERCA DE 300 MAA. O CRÂNIO DESSE RÉPTIL TINHA DUAS GRANDES ABERTURAS NOS OSSOS ATRÁS E ABAIXO DOS OLHOS. ESSA CARACTERÍSTICA PERMITIU QUE MÚSCULOS PODEROSOS SE FIXASSEM ÀS MANDÍBULAS, O QUE PROPORCIONOU A ESSE RÉPTIL UMA MORDIDA FORTE. À MEDIDA QUE ESSES RÉPTEIS EVOLUÍAM, AS MANDÍBULAS FICAVAM AINDA MAIS FORTES E ESTAVAM EQUIPADAS COM DENTES ESPECIAIS PARA PROCESSAR O ALIMENTO EFICIENTEMENTE.

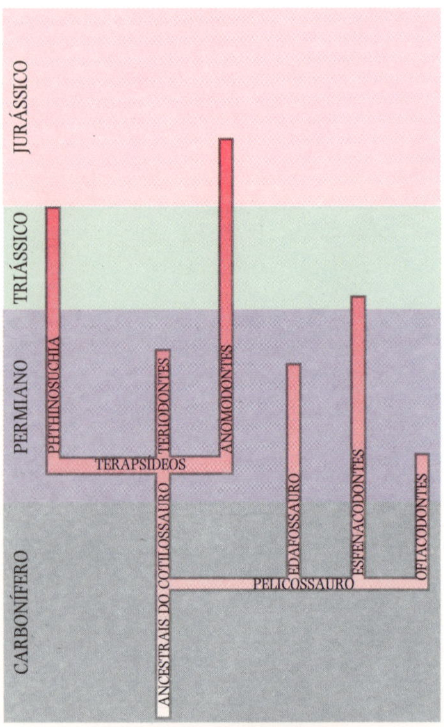

PELICOSSAUROS

NO INÍCIO DO PERÍODO PERMIANO, 290 MAA, OS RÉPTEIS SINAPSÍDEOS EVOLUÍRAM PARA UM GRUPO CHAMADO DE PELICOSSAUROS. ESSES ANIMAIS POSSUÍAM A POSTURA ESPARRAMADA DOS RÉPTEIS, MAS TINHAM DENTES DE DIFERENTES TAMANHOS E FORMATOS, COMO OS MAMÍFEROS ATUAIS. ESSES RÉPTEIS ERAM MUITO BEM-SUCEDIDOS. PERTO DE 270 MAA, CERCA DE 70% DE TODOS OS RÉPTEIS ERAM PELICOSSAUROS.

UM DOS MAIORES ▶ PELICOSSAUROS ERA O DIMETRODONTE, UM RÉPTIL CAÇADOR DA AMÉRICA DO NORTE QUE VIVIA CERCA DE 270 MAA. ELE TINHA CERCA DE 3 METROS DE COMPRIMENTO E POSSUÍA UMA GRANDE VELA DE PELE NAS COSTAS, SUSTENTADA POR OSSOS. A VELA PODE TER SERVIDO PARA ABSORVER CALOR DO SOL.

OS PRIMEIROS MAMÍFEROS

TANTO DINOSSAUROS QUANTO MAMÍFEROS EVOLUÍRAM NO FINAL DO PERÍODO TRIÁSSICO A PARTIR DE ANCESTRAIS RÉPTEIS. OS DINOSSAUROS APARECERAM UNS POUCOS MILHÕES DE ANOS ANTES DOS MAMÍFEROS E SE DESENVOLVERAM RAPIDAMENTE PARA ASSUMIR O CONTROLE DA MAIORIA DOS HABITAT DISPONÍVEIS PARA OS MAIORES ANIMAIS TERRESTRES. OS MAMÍFEROS PRIMEIRO EVOLUÍRAM COMO CAÇADORES DE INSETOS E DEVORADORES DE FRUTAS QUE VIVIAM EM DENSA FOLHAGEM E PODEM TER SIDO ATIVOS SOMENTE À NOITE. OS MAMÍFEROS FORAM PEQUENOS E INSIGNIFICANTES PELOS 150 MILHÕES DE ANOS SEGUINTES, ENQUANTO OS DINOSSAUROS SE TORNARAM O MAIOR E MAIS DIVERSO GRUPO DE ANIMAIS NA TERRA. AO CHEGAR LÁ PRIMEIRO, OS DINOSSAUROS ASSUMIRAM OS PRINCIPAIS HABITAT E IMPEDIRAM OS MAMÍFEROS DE EVOLUIR ADIANTE.

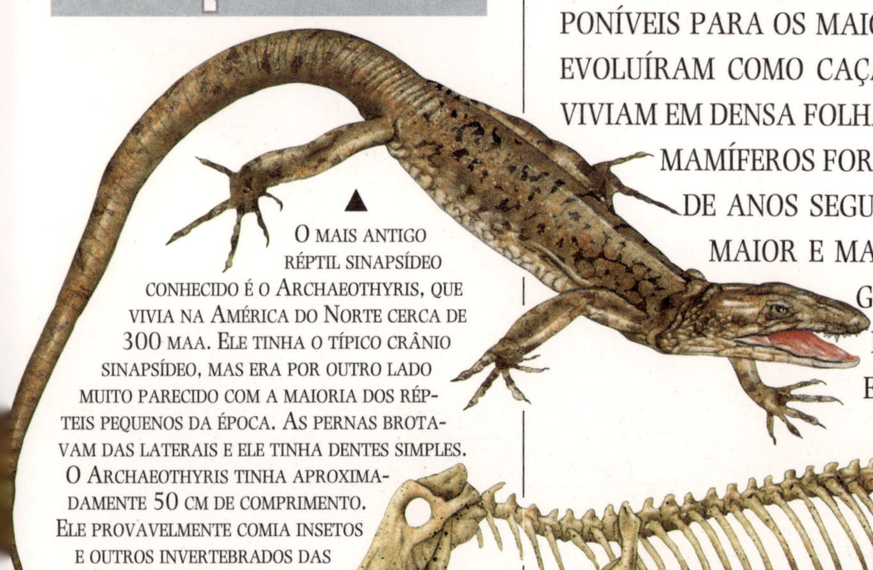

▲ O MAIS ANTIGO RÉPTIL SINAPSÍDEO CONHECIDO É O ARCHAEOTHYRIS, QUE VIVIA NA AMÉRICA DO NORTE CERCA DE 300 MAA. ELE TINHA O TÍPICO CRÂNIO SINAPSÍDEO, MAS ERA POR OUTRO LADO MUITO PARECIDO COM A MAIORIA DOS RÉPTEIS PEQUENOS DA ÉPOCA. AS PERNAS BROTAVAM DAS LATERAIS E ELE TINHA DENTES SIMPLES. O ARCHAEOTHYRIS TINHA APROXIMADAMENTE 50 CM DE COMPRIMENTO. ELE PROVAVELMENTE COMIA INSETOS E OUTROS INVERTEBRADOS DAS DENSAS FLORESTAS QUE COBRIAM A MAIOR PARTE DA TERRA.

TERAPSÍDEOS

CERCA DE 260 MAA, OS CARNÍVOROS PELICOSSAUROS EVOLUÍRAM PARA DAR ASCENSÃO A UM GRUPO DE RÉPTEIS CONHECIDOS COMO TERAPSÍDEOS. ESSAS CRIATURAS TINHAM ABERTURAS SINAPSÍDEAS DE CRÂNIO MAIORES DO QUE SEUS ANCESTRAIS PELICOSSAUROS E DENTES CANINOS COMPRIDOS COM ESTRUTURA DEFINIDA, SEMELHANTE AOS MAMÍFEROS POSTERIORES. OS TERAPSÍDEOS SE ESPALHARAM RAPIDAMENTE POR TODAS AS PARTES DO MUNDO E EVOLUÍRAM EM UMA VARIEDADE DE GRUPOS, INCLUINDO OS DICINODONTES HERBÍVOROS E OS CINODONTES CAÇADORES.

▲ O ESQUELETO DE LYCAENOPS MOSTRA CARACTERÍSTICAS DE RÉPTEIS TERAPSÍDEOS. ELE POSSUI LONGOS DENTES CANINOS E AS PERNAS ESTÃO DISPOSTAS DEBAIXO DO CORPO, NÃO ESPARRAMADAS COMO NA MAIORIA DOS RÉPTEIS.

EXTINÇÃO DO PERMIANO 13
ASCENÇÃO DOS RÉPTEIS 16
SOBREVIVÊNCIA NO TRIÁSSICO 24

A EVOLUÇÃO DAS MANDÍBULAS DOS MAMÍFEROS

A diferença-chave entre os mamíferos verdadeiros e seus ancestrais répteis mamaliformes é encontrada nos ossos da mandíbula. Nos répteis, a mandíbula inferior possui cinco ossos diferentes que muitas vezes estão entrelaçados, embora em alguns répteis eles possam se movimentar um contra o outro para alterar o formato da boca. Nos mamíferos, porém, a mandíbula inferior é composta de somente um osso, o dentário. Os outros ossos da mandíbula se moveram para dentro, primeiro para formar parte da articulação da mandíbula; depois, para se tornarem os ossos delicados dentro dos ouvidos.

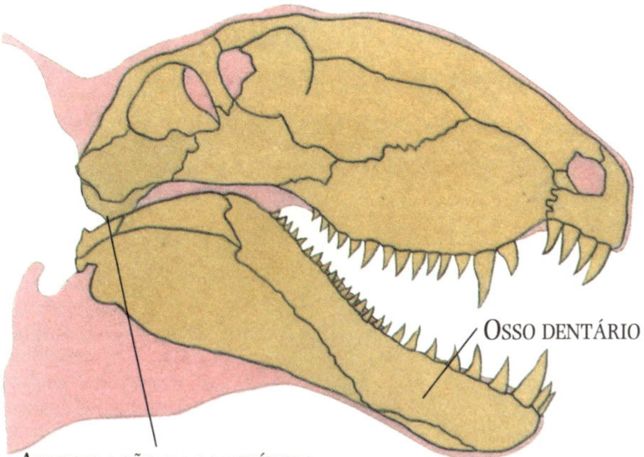

Crânio de Dimetrodonte (réptil)

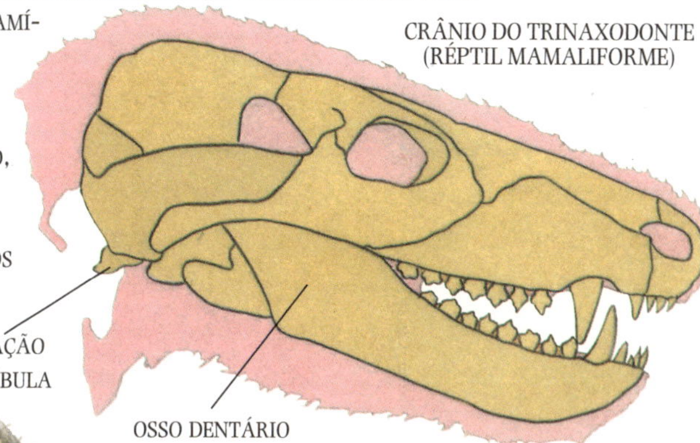

Crânio do Trinaxodonte (réptil mamaliforme)

Características dos mamíferos

Os mamíferos têm algumas características especiais. Uma das mais importantes é que eles dão à luz filhotes em vez de botar ovos. Esses filhotes se alimentam de leite produzido pelas glândulas mamárias, que dão nome aos mamíferos. Os mamíferos têm pelagem ou pelos para mantê-los aquecidos. Eles podem produzir seu próprio calor queimando alimento em seu corpo, enquanto os répteis têm que absorver calor dos seus arredores. Nenhuma dessas características, contudo, pode ser observada num fóssil. Em vez disso, os cientistas confiam em detalhes da articulação da mandíbula ou dentes e na estrutura dos ossos no céu da boca para decidir se um fóssil pertence a um mamífero ou a um réptil mamaliforme. Têm ocorrido muitas controvérsias para saber se os fósseis do final do Triássico e do início do Jurássico vêm de mamíferos verdadeiros ou não.

BIGODES

Buracos encontrados nos ossos nasais fossilizados dos primeiros mamíferos mostram que essas criaturas tinham pelos compridos e sensíveis ao redor do focinho. Os bigodes ajudam os animais a se orientar no escuro ao tocar objetos antes de esbarrar neles. Alguns cientistas acreditam que os bigodes significam que os primeiros mamíferos eram ativos de noite. Outros acham que os bigodes mostram que eles viveram muito de sua vida em tocas subterrâneas. A criatura exibida aqui é um Megazostrodonte, um mamífero de 12 cm da África do final do Triássico.

MAMÍFEROS E DINOSSAUROS

Um dinossauro Saltopus se prepara para comer um mamífero Morganucodonte que ele acabou de matar. Essas criaturas viviam na Europa durante o final do período Triássico, quando tanto mamíferos quanto dinossauros eram relativamente novos na Terra. O Saltopus era um dos menores dinossauros caçadores, com apenas 60 cm de comprimento e 1 kg de peso. Ele era ágil, com mãos fortes que agarravam. Ele possivelmente caçava pequenos animais, como mamíferos. Ao longo da era dos dinossauros, os mamíferos eram pequenas criaturas que se alimentavam de insetos ou frutas. Eles ficaram maiores depois que os dinossauros se tornaram extintos.

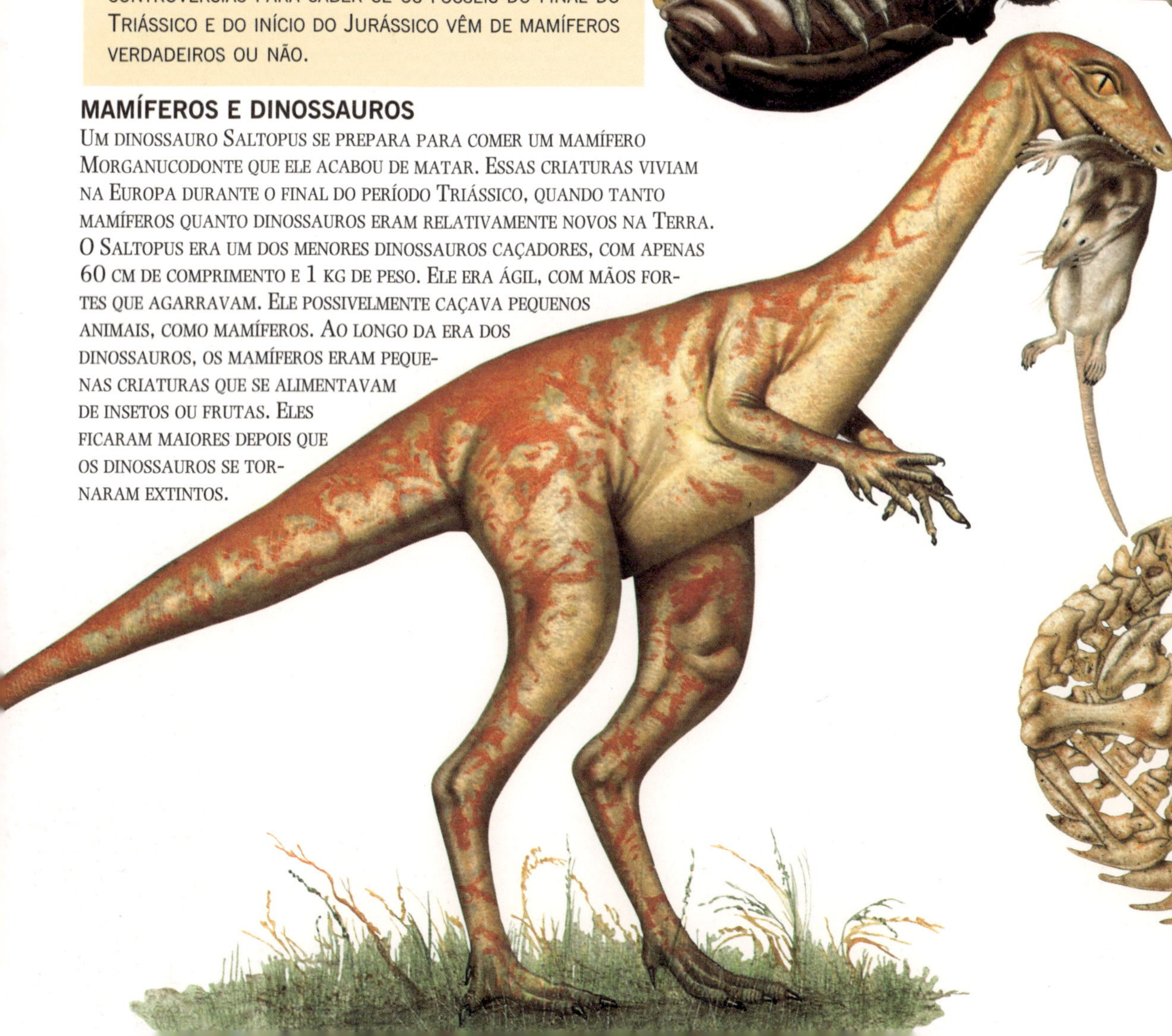

▼ O fóssil abaixo é de um Trinaxodonte, um réptil mamaliforme do início do Triássico. A posição na qual ele foi encontrado é típica de pequenos mamíferos quando hibernam. Isso pode demonstrar que essa criatura dormia durante os períodos de frio ou de muita seca do ano.

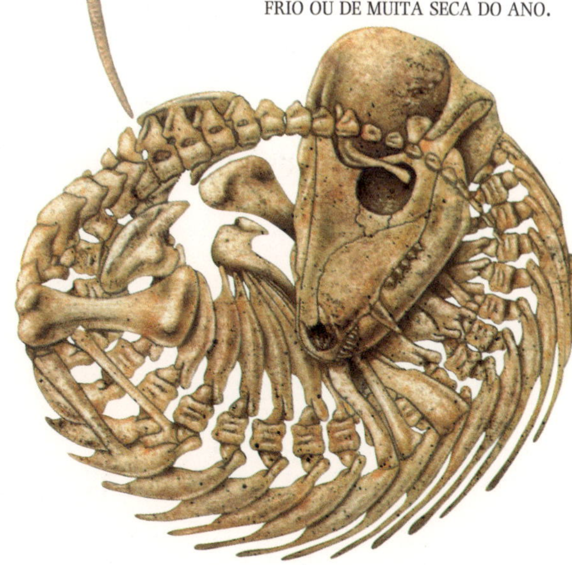

SOB AS ONDAS DO TRIÁSSICO

UM ICTIOSSAURO COM JEITO DE GOLFINHO NADA PREGUIÇOSAMENTE PELOS MARES RASOS NA SEGUNDA METADE DO MUNDO TRIÁSSICO. ELE ACABOU DE COMER UMA GRANDE REFEIÇÃO DE PEIXES ÓSSEOS E CRIATURAS COM JEITO DE CAMARÃO, ENTÃO ELE PASSA LIGEIRO PELOS OUTROS. SEU APETITE RETORNARÁ MAIS TARDE NO DIA. ABAIXO O ICTIOSSAURO, UM NOTOSSAURO DE DENTES AFIADOS, MERGULHA EM DIREÇÃO A UM AMONOIDE ESPIRALADO QUE TENTA ESCAPAR DESESPERADAMENTE. AO FUNDO, UM FEROZ PLACODONTE OBSERVA ALGUNS PEIXES QUE PARECEM SABOROSOS.

MARES, RIOS E LAGOS DO TRIÁSSICO

Uma crescente variedade de criaturas, incluindo mariscos espiralados chamados amonoides, e outros moluscos, bivalves, gastrópodes, ouriços-do-mar e peixes ósseos, viviam nos mornos e rasos mares do Triássico. As primeiras espécies de corais modernos também se desenvolveram durante o Triássico. Alguns animais, como os ictiossauros, os placodontes e notossauros, levavam vidas totalmente aquáticas nos mares do Triássico, mas muitos outros viviam entre a água e a terra, ou em rios e lagos que cobriam a paisagem.

ICTIOSSAURO

As origens desse grupo de répteis marinhos com jeito de golfinho ainda não foram descobertas. Os fósseis mais antigos, do Mixossauro, são datados do início do Triássico. Eles mostram um animal aerodinâmico que tem formato com jeito de peixe. (O nome do grupo significa "réptil-peixe".) Os ictiossauros eram totalmente adaptados à vida na água e não podiam vir à terra para botar ovos. Em vez disso, eles davam à luz os filhotes na água. Os ictiossauros se desenvolveram por mais de 100 milhões de anos, antes de se extinguirem durante o período Cretáceo.

▶ O Shunossauro (à direita) viveu nos períodos do final do Triássico. Ele é o maior dos ictiossauros conhecidos. Os adultos alcançavam até 15 metros.

OS ANIMAIS MAIS ESQUISITOS

Os cientistas ficaram atônitos quando descobriram fósseis do réptil Tanystropheus que viveu nos mares da metade do Triássico na Alemanha. Essas criaturas bizarras chegavam a 7 metros, mas quase metade do comprimento corporal era formada pelo pescoço. Seu pescoço comprido possivelmente os ajudavam a apanhar seu alimento preferido – peixes. O filhote de Tanystropheus tinha um pescoço proporcional ao comprimento de seu corpo. Os filhotes provavelmente se alimentavam de insetos. Quando chegavam à fase adulta, seu pescoço tinha alcançado 3,5 metros de comprimento.

◀ Os Tanystropheus não eram totalmente aquáticos. Seus fósseis foram encontrados em áreas costeiras. Eles certamente usavam seu pescoço extraordinário para apanhar peixes de rochas perto do mar.

LAGOS FLORESTAIS

Embora a paisagem do Triássico tenha se tornado mais seca com o passar do período, ainda havia muitos rios, lagos e pântanos. Os anfíbios, répteis e peixes de várias espécies viviam ali. Esses animais se alimentavam de peixes e de inúmeras espécies de caracóis, mariscos e crustáceos nadadores que compartilhavam a água.

◀ O Metopossauro era um anfíbio que habitava os pântanos do Arizona. Embora grande e corpulento, ele tinha um estilo de caça muito casual. Ele ficava deitado no fundo do lago e esperava o alimento passar ali, então o abocanhava.

O FINAL DO TRIÁSSICO

O final do Triássico foi um momento crucial para os animais na Terra. Os dinossauros não eram o único grupo novo. Eles apareceram junto com os primeiros mamíferos verdadeiros, os primeiros crocodilianos e pterossauros, as primeiras tartarugas e os primeiros esfenodontes, ou répteis "dentes cuneiformes", ancestrais da moderna tuatara (abaixo).

Porém, os dinossauros foram os mais bem-sucedidos dos recém-chegados do Triássico. Durante os últimos 10 milhões de anos do período, eles se expandiram em uma variedade de formas e se tornaram preparados para se apoderar da posição de domínio mundial que deteriam pelos 100 milhões de anos seguintes.

ANUROS

Os sapos e as rãs atuais são parte de uma ordem conhecida como anuros, que significa "sem caudas". Seus ancestrais evoluíram nos idos do início do Triássico. O Triadobatrachus (à direita) viveu cerca de 240 MAA em Madagascar. Ele tinha aproximadamente 10 cm de comprimento.

TARTARUGAS

As tartarugas se modificaram muito pouco desde que apareceram pela primeira vez no final do Triássico. Até mesmo as espécies mais antigas tinham uma carapaça na qual podiam se recolher como proteção. Esta Proganochelys (abaixo) é uma das primeiras tartarugas. Ela vivia na Alemanha e alcançava aproximadamente 1 metro de comprimento.

ANFÍBIOS DO TRIÁSSICO

Os Labirintodontes foram o grupo de vertebrados mais antigo a deixar a água para viver em terra seca ao final da época do Devoniano. Eles se desenvolveram até o início do Jurássico. Um dos membros mais esquisitos desse grupo era o Gerrothrax (abaixo). Ele vivia na parte sul da Alemanha rumo ao fim do Triássico.

Alcançando até 1 metro ▶ de comprimento, o Gerrothrax tinha guelras e um corpo achatado e encouraçado, com uma cauda curta e pernas pequenas.

Montando o Cenário 8
Ascensão dos Répteis 16
Os Primeiros Dinossauros 18
Mamíferos e Dinossauros 30

ÍNDICE

ANOTAÇÕES